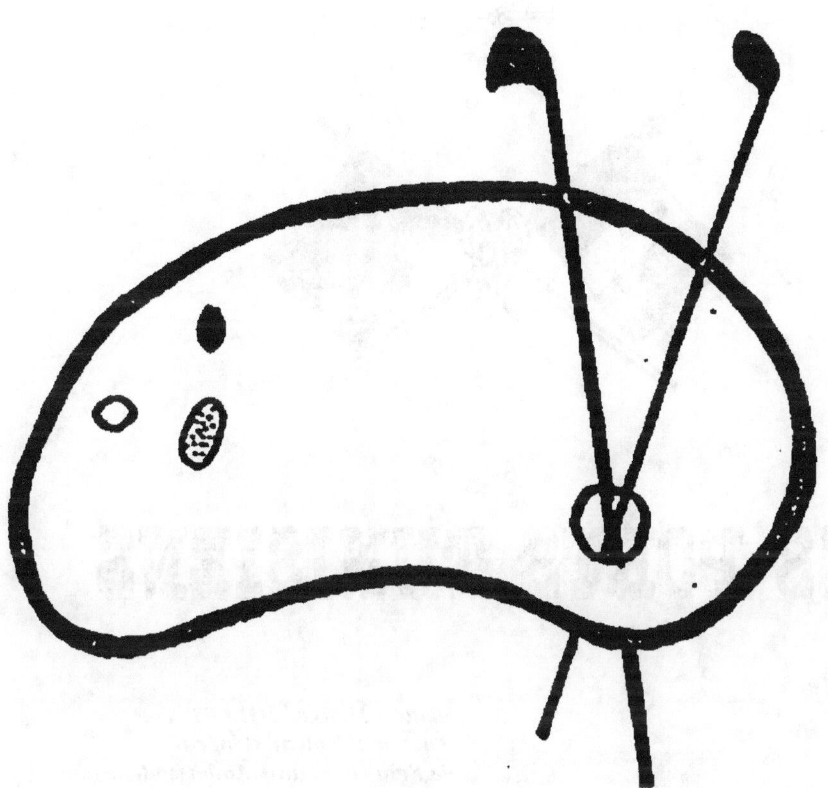

DEBUT D'UNE SERIE DE DOCUMENTS
EN COULEUR

A. E. MASSÉ

Industriel

Ancien Élève de l'École Professionnelle de la Charente

Directeur de la Société anonyme des Secteurs Blayais Réunis

LES PORTS TUNISIENS

dédié à M. René MILLET . . .
. Ancien Résident Général. . .
de France à Tunis, Ambassadeur

INTRODUCTION

par M. le Comte de Rocquancourt

Commandeur de Charles III, d'Espagne

Membre correspondant de la Société de Géographie de Bordeaux

PARIS 1911

IMP. R. BAROUX
81, Rue Vieille-du-Temple
PARIS

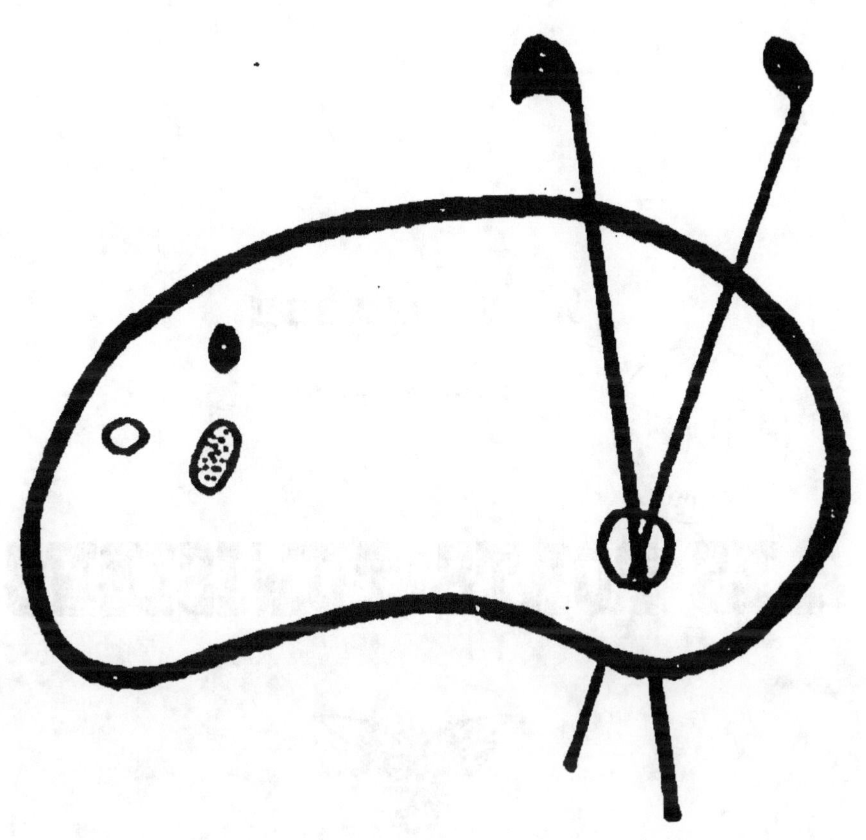

FIN D'UNE SERIE DE DOCUMENTS
EN COULEUR

A. E. MASSÉ

LES PORTS TUNISIENS

Du même Auteur :

NOTES D'UN TOURISTE

sur les Avantages & les Progrès

de la

Colonisation Française en Tunisie

même Imprimerie :

A. BAROUX

81, Rue Vieille-du-Temple

A. E. MASSÉ

Industriel

Ancien Élève de l'École Professionnelle de la Charente

Directeur de la Société anonyme des Secteurs Blayais Réunis

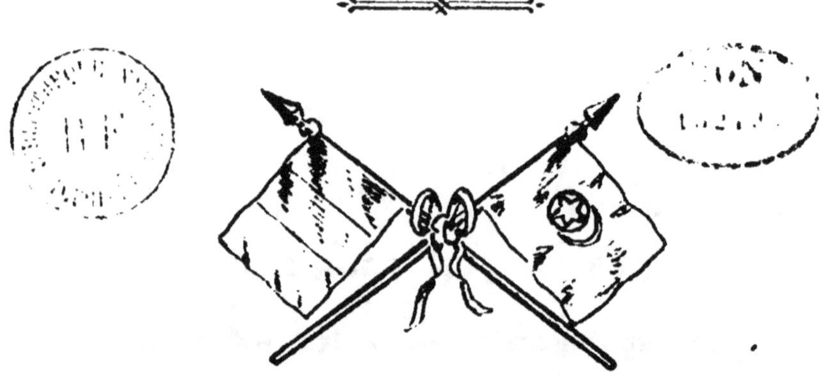

LES PORTS TUNISIENS

dédié à M. René MILLET . . .
Ancien Résident Général. . .
de France à Tunis, Ambassadeur

INTRODUCTION

par M. le Comte de Rocquancourt

Commandeur de Charles III, d'Espagne

Membre correspondant de la Société de Géographie de Bordeaux

PARIS 1911

INTRODUCTION

Je vous avais prédit le succès qu'obtiendrait parmi les amis de la Tunisie votre premier opuscule : « *Les Avantages et les Progrès de la Colonisation française en Tunisie* ». Nous l'avions conçu ensemble, à la suite de l'intéressant voyage d'études que nous y fîmes, de compagnie, au commencement de l'année dernière, sans autre ambition, d'ailleurs, que d'être utiles, dans la faible mesure de nos moyens, à l'œuvre magnifique du Protectorat, si habilement continuée par MM. Pichon et Alapetite. J'avais crû devoir envoyer à un grand nombre de hautes personnalités compétentes cette modeste brochure de propagande franco-tunisienne que vous aviez bien voulu me charger de présenter au public colonial. Elle en a, du premier coup, conquis les suffrages. Ce me fut donc une vraie satisfaction personnelle de pouvoir reporter sur vous la meilleure part des félicitations unanimes que je reçus à ce sujet d'hommes tels que M. Siegfried, ancien ministre, député du Havre ; de M. Klotz, député de la Somme, depuis lors ministre des Finances ; de M. Fortier, sénateur ; de M. Brindeau, député de la Seine-Inférieure ; de M. Renard, député de Clamecy, ville dont est originaire notre résident général actuel de France à Tunis, M. Alapetite ; de M. Jules Lemaître, de l'Académie française ; de M. l'amiral baron Duperré et de tant d'autres.

Comme moi vous fûtes surtout sensible à l'encouragement autorisé que voulait bien m'adresser, à la date du 31 juillet 1910, M. René Millet, ambassadeur, ancien résident général, conférencier émérite dont l'œuvre fut si belle et si féconde en Tunisie, où il a laissé parmi nous, colons de la première heure, d'inoubliables souvenirs. Je ne puis résister au plaisir de mettre sous les yeux de nos lecteurs les trois approbations suivantes, à cause de leur intérêt particulier. La première émane de mon illustre ami, Mylord duc de Norfolk, grand maréchal héréditaire de la Cour Royale d'Angleterre, Pair du Royaume-Uni et pour lequel l'entente cordiale a toujours existé. La seconde vient du Président de la Compagnie du Canal de Suez et du Comité de l'Afrique Française, M. le prince Auguste d'Aremberg, membre de l'Institut, dont la haute personnalité plane sur tous les partis et avec lequel j'ai le très grand honneur de me trouver en rapports depuis longtemps. La troisième, enfin, toute récente, nous accorde le haut patronage moral de M. J. Caillaux, député de la Sarthe, ancien ministre des Finances, Président de la Commission du budget, toujours prêt à soutenir des œuvres de propagande comme la nôtre, françaises avant tout et utiles à la France dans la plus belle de ses colonies de Protectorat.

Lettre de Mylord duc de Norfolk à M. le comte de Rocquancourt :

(TRADUCTION)

**Norfolk Housse
Saint-James Square
1 John Street
LONDON S. W.**

Le 5 Juillet 1910.

Cher Monsieur le Comte,

Laissez-moi vraiment vous remercier et bien chaleureusement vous féliciter pour l'envoi de votre opuscule que j'ai lu avec le plus grand et le plus vif intérêt. Avec mes compliments et mes meilleurs vœux, croyez moi, Mon cher Comte,

Votre ami tout dévoué,

NORFOLK.

II. Lettre de M. le prince Auguste d'Aremberg à Monsieur le comte de Rocquancourt, du 2 juillet 1910 :

(COPIE)

Paris, 20, rue de la Ville-l'Evêque.

Monsieur le Comte,

Lorsque notre Comité se réunira, je ne manquerai pas de lui faire part de l'intéressant opuscule de M. Massé, sur la Tunisie, et du désir que vous m'exprimez à ce sujet.

*Veuillez bien je vous prie, Monsieur le Comte, avec mes remer-
ciements, agréer l'assurance de mes sentiments les plus distin-
gués et dévoués.*

Signé : Prince Auguste d'Aremberg.

III. Lettre de M. Caillaux, député de la Sarthe, Président de la
Commission du budget, ancien Ministre, à M. le comte de Rocquancourt :

Paris, le 2 Octobre 1910.

Cher Monsieur,

*Je suis chargé par M. Joseph Caillaux de répondre à la lettre
que vous lui avez adressée et de vous dire qu'il est très heureux
de vous accorder son patronage (pour votre œuvre de propagande française en Tunisie), regrettant même de ne pouvoir
vous donner un concours plus effectif.*

Signé : Gontier, *Secrétaire.*

.   .   .   .

Donc, Cher Monsieur, après votre essai sur la Colonisation
française en Tunisie, votre nouvel opuscule sur les ports et les
chemins de fer de la Régence aura pour effet de montrer à
quelles heureuses nécessités commerciales et industrielles, leur
incroyable développement a correspondu. Les découvertes minières, la richesse des gisements de phosphates ont permis au
Protectorat de se construire un réseau de chemins de fer,
presque sans bourse délier, avec une rapidité sans exemple
dans l'histoire de la colonisation. Ce fut d'abord la création de
quatre grandes voies ferrées transversales à la côte, dans le
voisinage de la mer, pour amener jusqu'aux quais mêmes des
ports d'embarquement les produits des mines et les phosphates,
puis l'adjonction d'autres tronçons secondaires que des besoins
nouveaux rendaient indispensables. Enfin on dut agrandir les
ports, y creuser de nouveaux bassins, les munir de tout l'attirail,
de tout l'outillage, de tous les perfectionnements modernes.
La Direction des Travaux publics de Tunisie n'eut pas trop des
hommes remarquables qui sont à sa tête pour mener à bien en

aussi peu de temps une tâche aussi lourde.

Cependant, cher Monsieur, parmi tous les éloges qui sont dus au Gouvernement et aux services du Protectorat Tunisien, il me paraît impossible de ne pas risquer discrètement quelques réserves, car je n'oserais pas formuler de blâmes. Pourquoi, en ce qui concerne les chemins de fer, mais pourquoi surtout en ce qui concerne les ports a-t-on crû devoir recourir au système onéreux des concessions à long terme faites à de riches Sociétés privées qui ont naturellement profité de la bonne aubaine ? Je sais bien que les hauts fonctionnaires franco-tunisiens me répondront : C'est parce que nous sommes précisément sous le régime hybride du Protectorat, parce que nous ne pouvons pas faire appel aux finances de la Métropole, parce qu'enfin jusqu'ici cette méthode ne nous a pas empêchés d'arriver à des résultats surprenants. Il n'en demeure pas moins vrai, au fond, que ce raisonnement est spécieux, que le Gouvernement a donné des garanties d'intérêt aux Compagnies, qu'il leur a avancé des fonds, qu'il leur a consenti en certains cas d'immenses privilèges et que dès lors, suivant l'expression d'un des plus grands économistes de ce siècle qui connaît le mieux la Tunisie : *Ces concessions ne sont que des emprunts déguisés et des emprunts à un taux usuraire.* Le mot est un peu dur, mais il est juste. Les concessions accordées pour une période toujours longue engagent trop l'avenir, elles pèsent sur les intéressés, elles paralysent en un mot l'essor économique d'un pays qui a besoin de toute sa liberté d'action et de toutes ses ressources.

L'État devrait-être à lui-même et en pareil cas, son propre entrepreneur. D'ailleurs, les Compagnies concessionnaires des quatre grands ports tunisiens dont vous avez si bien résumé l'histoire dans les pages qui suivent, l'ont elles-mêmes implicitement reconnu. Tout d'abord elles avaient établi des tarifs très élevés. Puis, d'elles-mêmes, elles ont dû notablement les abaisser tout en profitant des énormes recettes annuelles que leur vaudra longtemps une entreprise de tout repos. Quoiqu'il en soit, vous avez eu mille fois raison de présenter sous un jour favorable, sous son vrai jour la prospérité commerciale et maritime de la Tunisie. Votre brochure répond à une des plus douloureuses ignorances de ce temps-ci : celle des choses maritimes.

Hier, la France était la seconde puissance navale du monde, au point de vue militaire. Aujourd'hui elle en est la quatrième. Au point de vue commercial, elle se tenait aux premiers rangs ; elle est descendue maintenant au cinquième. Est-ce la situation que devrait avoir un pays voisin des puissances navales les plus redoutables, possesseur d'un empire colonial de plus en plus étendu, bénéficiant encore par les voies maritimes d'un commerce évalué à 10 milliards de francs et représentant les 2/3 de son commerce extérieur global ? Puisque nous sommes si sérieusement concurrencés, si vraiment menacés au double point de vue naval et commercial, ne devons-nous pas nous adonner avec énergie à l'étude des ports, aux questions maritimes ? Celles-ci s'imposent à tous ceux qui ont souci, non pas seulement de la sécurité, mais de la grandeur et de la prospérité économique de la France. Vous l'avez très bien compris, cher Monsieur, et votre essai sur les ports de la Tunisie est très capable de le faire comprendre aux autres. Son opportunité et son exactitude lui vaudront tout l'intérêt du public. Puisse-t-il, comme vous le dites si bien et comme nous le désirons tant, amener en Tunisie des Français et des capitaux français.

Paris, Janvier 1911.

Comte A.-M. DE ROCQUANCOURT.

N. B. — Pour tous renseignements, demandes d'emploi et de concessions en Tunisie, on peut s'adresser à M. de ROCQUANCOURT, 85, Rue St-Martin à Paris, qui se met gracieusement et par intérêt pour la Colonisation à la disposition gratuite des intéressés.

LES PORTS TUNISIENS

APERÇU

Privée de rivières navigables et même de cours d'eau importants à l'exception peut-être de la Medjerda, qui prend sa source en Algérie et se jette au-dessus du village indigène de Bou-Chateur, sur les ruines mêmes de l'Ancienne Utique, la Tunisie a été longtemps réduite, comme voies de communication et de pénétration, à l'accès des petits ports côtiers, disséminés sur les 1200 kilomètres de son littoral. Encore la plupart de ceux-ci avant l'occupation française, étaient-ils mal entretenus, peu sûrs et peu fréquentés. Mais leur développement et leur transformation économique ont suivi de près le progrès du commerce et de l'industrie, dans un pays si rapidement doté de routes et de chemins de fer.

Cela est vrai, surtout à l'heure actuelle, pour les quatre grands ports de Bizerte, de Tunis, de Sousse et de Sfax qui sont *seuls assujettis à une exploitation française sous le contrôle de l'Etat.*

En effet, au point de vue du commerce international et du régime auquel ils sont soumis, les ports Tunisiens forment deux groupes absolument distincts. Le premier groupe, comprend les ports dont nous venons de parler, c'est-à-dire Bizerte, Tunis, Sousse et Sfax, qui ont été concédés pour une durée et dans des conditions déterminées à des Sociétés qui les ont construits et qui en ont obtenu le monopole. Le second, au contraire, englobe les onze autres petits ports côtiers de la Régence encore exploités directement par le gouvernement tunisien lui-même. Nous nous occuperons d'abord et surtout des ports du premier groupe ; puis nous passerons successivement en revue les autres, suivant leur importance et leur position géographique.

LES QUATRE GRANDS PORTS TUNISIENS
Concédés à des Sociétés Privées Françaises

1º Bizerte

Bâtie triangulairement sur les pentes d'une colline, Bizerte domine tout à la fois les eaux bleues de son golfe et celles d'un grand lac, enfoncé dans l'intérieur des terres à environ quinze kilomètres. Un étroit goulet, bordé de maisons sordides assurait jadis les communications entre le lac et la mer. Il a été comblé et depuis remplacé par un canal d'une largeur de 100 mètres, ouvert à travers l'isthme de sable long de un kilomètre, qui obstruait jadis le passage entre le lac et la mer. Ce vieux canal, traversé par un pont en bois donnait au quartier indigène un aspect tout à fait original qui lui avait fait attribuer par les voyageurs, le surnom de « Petite Venise ». Il y a longtemps que le pont est détruit. Toutefois la Bizerte indigène, avec son enceinte à peu près intacte, sa Kasbah au bord de l'eau et la blancheur de ses édifices est encore d'un coup d'œil très pittoresque pour l'Etranger.

On y remarque tout d'abord une mosquée, avec un très beau minaret, et deux fontaines en marbre, dont l'une intérieure et l'autre donnant sur le quai du port. La Kasbah au-dessus de laquelle se dresse le minaret de la grande mosquée forme à elle seule une petite ville appropriée au casernement de nos troupes. Elle est comme perdue au milieu d'un labyrinthe d'étroites rues, se coupant les unes les autres pour redescendre au quartier dit autrefois « des Andalous ». En face la kasbah se dresse une autre petite forteresse appelée « Ksiba » ou petite Kasbah. Celle-ci renferme un sanctuaire intérieur, consacré au marabout Bordj-Sidi-Hani. On l'appelait aussi « Kasbah de la Chaine » Bordj-Es-Sensela parce qu'autrefois, une des chaines qui fermaient l'entrée du port était rivée à l'un de ses murs d'enceinte.

Antérieurement à la conquête, Bizerte était une ville assez florissante au point de vue des métiers et de l'industrie indigène. Aujourd'hui, la main-d'œuvre arabe subvient sous ce rapport aux seuls besoins locaux. Toute l'animation, toute la vie de Bizerte s'est naturellement reportée sur le port et dans le quartier européen. Celui-ci communique par la porte de Tunis avec la ville indigène; c'est la résidence des fonctionnaires, des commerçants et des colons. Elle est pourvue d'une église, d'une synagogue, d'un bureau de postes et télégraphes très bien aménagé et de nombreux hôtels. Mais tout l'intérêt de la ville se tient dans son admirable position géographique et dans son port. Il suffit de jeter les yeux sur une carte de la Méditerrannée, pour juger de l'importance de Bizerte. A cheval sur les deux bassins de cette mer intérieure, elle domine à la fois le bassin occidental et le bassin oriental méditerrannéen ; d'un côté les côtes d'Espagne jusqu'à Gibraltar, de l'autre, celles de la Tripolitaine, de l'Egypte et de la Grèce. Placée presqu'en face Malte et dans des conditions stratégiques au moins égales, elle ne s'en trouve qu'à neuf ou dix heures. Une journée à peine la sépare de la Sicile et de Naples. Elle représente donc en cas de guerre, une base d'opérations militaires de premier ordre, un poste de combat et d'observation privilégié dans la Méditerrannée. Avec Toulon et Bizerte, nous pouvons tenir tête à toutes les autres puissances maritimes continentales.

Tout concourt, comme Jules Ferry l'avait deviné, à faire de Bizerte un grand port de guerre, un magnifique arsenal et même un port de relâche et de ravitaillement. Retirée dans la profondeur de son golfe, adossée d'un côté à son lac, elle peut abriter dans l'étendue de celui-ci, large de quinze kilomètres, les plus grosses escadres, avec des profondeurs suffisantes pour les y mettre en sécurité. De plus, placée au milieu d'un vaste amphithéâtre de collines et de montagnes, elle est protégée par des forts et des batteries qui la rendent inexpugnable aussi bien du côté de la terre que de celui de la mer. Aussi, dès le lendemain de la conquête pensa-t-on à en faire un grand port de guerre et à en tirer le parti qu'on en a tiré depuis.

Par malheur il y avait des engagements pris, des ménagements à garder avec la diplomatie étrangère. Nous craignions des complications et des embarras avec l'Angleterre et avec l'Italie. Bizerte ne fut donc d'abord qu'un simple port de commerce. C'est seulement en 1889, que les travaux commencèrent, 8 ans après l'installation du Protectorat par conséquent. Mais MM. Hersent et Couvreux, concessionnaires de ce port, tinrent à regagner le temps perdu. La concession leur en était consentie pour 75 ans, à dater du 27 décembre 1890. Ils devaient faire toutes les constructions et dragages nécessaires pour assurer la protection des navires et leur libre accès dans le lac, établir des appontements, des quais, des hangars. De son côté le Gouvernement tunisien prenait l'engagement d'établir une voie ferrée de Djedeïda à Bizerte dans un délai de quatre ans. Il leur garantissait un minimum de recettes, contribuait dans une proportion déterminée aux dépenses prévues et leur accordait enfin le droit exclusif de pêche dans le lac de Bizerte pour une durée indiquée dans le cahier des charges.

Sur ces bases la Compagnie concessionnaire poursuivit activement les travaux du port. Deux jetées longues respectivement de 1000 mètres et de 950 mètres furent solidement établies et avancées sur la côte en partant du lac, de façon à y aménager un avant-port spacieux. Dans l'axe de cet avant-port la dune fut coupée en ligne droite sur une longueur de 1500 mètres pour mettre en communication le lac avec le golfe. Ainsi fut établi un chenal creusé à 8 mètres de profondeur et mesurant 120 mètres de large sur lequel on construisit un pont transbordeur dans le genre de celui de Rouen et avec une élévation suffisante pour laisser passer les plus grands navires. (De ce pont transbordeur on découvre toute la ville et la mer).

Dès 1894, le paquebot transatlantique *La Ville-d'Alger* pouvait déjà franchir les passes de ce nouveau port. Depuis cette époque, tout le monde sait que nos escadres s'y sont succédées et y viennent régulièrement mouiller.

Des appontements, des quais ont été aménagés sur une longueur de plus de deux cents mètres. Cinq feux de port guident l'entrée des navires. En 1908-1909, le mouvement commercial du port se chiffrait par 97.000 tonnes à l'entrée et 8.000 à la sortie.

Bizerte devient un port de ravitaillement pour les navires qui, de Gibraltar, se dirigent sur Port-Saïd. Il est au centre d'une région abondamment pourvue de vivres frais, de bœufs, de moutons, de poissons, de légumes et de ce fait il acquiert encore une réelle supériorité sur Malte. Il ne lui manque que de pouvoir devenir comme Alger, un port de relâche. Son avenir n'en est pas moins magnifique et comme port de commerce et comme port de guerre. On a remarqué, toutefois, que le développement de Bizerte, au point de vue commercial, a été assez lent. Mais n'est-il pas très rare, sinon impossible, qu'un grand port militaire se trouve être en même temps un grand port de commerce ?

Dans tous les cas nous n'en trouvons aucun exemple dans l'histoire de nos ports militaires français.

Bizerte méritait un arsenal approprié à sa valeur stratégique. Cet arsenal a été créé au fond du lac, à 15 kilomètres du littoral. Il se trouve ainsi à l'abri de toute flotte ennemie, garanti par cet écran de montagnes qui domine Bizerte et que le génie militaire a couronnées de forts imprenables. La conséquence des immenses travaux du port militaire de Bizerte a été, tout à côté de cette ville, la création d'une ville nouvelle, d'une cité ouvrière qui porte le nom de Ferryville, en mémoire du grand homme d'État qui a si puissamment contribué au développement de notre empire colonial et de la Tunisie.

La fondation de *Ferryville*, ville sœur de Bizerte, mérite de ne pas être oubliée. Elle est entièrement due à l'admirable initiative d'un colon français, M. Decoret, dont le nom n'est pas assez connu du grand public. Dès les premierss temps de notre occupation, M. Décoret s'était rendu acquéreur, au fond du lac, des terrains qui lui paraissaient les plus propices à un établissement militaire. Il en fit don par la suite au Gouvernement français, moyennant qu'on lui consentit, plus loin, la rétrocession d'autres terrains nécessaires, dans sa pensée, à la construction d'une ville. C'est *Ferryville*. Peu à peu, avec à-propos, M. Décoret vendit des terrains à des spéculateurs, à des constructeurs, à des colons, mais avant tout, patriote aussi bien qu'homme d'affaires très avisé, il eut soin de choisir ses acheteurs parmi nos seuls nationaux. Quel exemple, surtout en Tunisie ! *Ferryville* est donc un centre exclusivement français et dont l'élégant aspect donne une note d'art tout à fait inattendue dans une colonie aussi neuve. Elle est dotée d'un hôtel des postes de style algéro-mauresque du plus heureux effet. Au centre de l'opulente région de Mateur, une des plus riches de la Tunisie, Ferryville est certainement appelée à devenir un des grands centres industriels et agricoles de la Régence. C'est là que les ouvriers du port de Bizerte ont leur home. Quelques-uns s'y sont fixés. Au début, dans le premier essor de son rapide peuplement, Ferryville n'avait-elle pas la prétention de devenir un petit Toulon ? Et pourquoi, un jour, cette prétention ne serait-elle pas justifiée ? On verrait alors, se donnant la main et ne faisant qu'une cité, le Brest-Toulon tunisien, c'est-à-dire Ferryville-Bizerte.

2° Tunis

Par le chiffre de sa population, la capitale de la Tunisie est la ville la plus importante de toutes nos possessions de l'Afrique du Nord. Sa population totale n'est pas évaluée à moins de 175.000 habitants, dont 14.000 Français, 47.000 étrangers, Italiens où Maltais pour la plupart, et 43.000 israélites, le restant de la population étant indigène et musulman.

Tunis a remplacé Carthage, quoi qu'elle puisse se vanter, par ses origines libyennes, d'avoir devancé comme fondation Carthage elle-même. Elle n'est pas située sur le bord de la mer, mais bien à deux lieues et demie, 10 kilomètres du rivage, sur une *bahira* ou *lac de 6.000 hectares*. Ce lac était vaseux et peu profond. Aussi le port de Tunis a-t-il exigé d'importants et coûteux travaux qui n'ont pu être achevés qu'en deux étapes.

En effet, pour relier le lac de Tunis à la mer, il a fallu le creuser en son milieu sur une longueur de plus de dix kilomètres. On a ainsi ménagé un chenal dont la profondeur est de 6 m. 50, de façon à en permettre l'accès aux grands navires. A son débouché sur le golfe, ce chenal est protégé par deux jetées qui s'avancent dans la mer et telles qu'on dut en construire à Bizerte. Le canal donne accès à un bassin d'opérations d'une superficie de 12 hectares. Ces premiers travaux ont été exécutés par la Société des Batignolles, de 1888 à 1893. Ils ont coûté 13 millions et demi de francs. Au contraire, les quais et les hangars-magasins qui bordent ce premier bassin sur une longueur de 600 mètres, n'y ont été édifiés qu'ultérieurement, c'est-à-dire en 1895-1896, par la Compagnie concessionnaire des Ports de Tunis, Sousse et Sfax, qui a dû y dépenser plus de trois millions de francs. Le gouvernement tunisien, qui a garanti l'amortissement et les intérêts du port, est intéressé à son rendement, et ce rendement est aujourd'hui des moins négligeables.

Un second bassin, destiné à l'embarquement des phosphates en provenance des lignes de Kalaa-es-Senam et de Kalaa-Djerda, a été construit en 1905, au sud-est du premier. Le développement du port et son tonnage sont en progression marquée, grâce aux minerais venant du réseau du Kef, qui dépassent sept cent mille tonnes et dont l'exportation s'accroît de jour en jour. Le lac de Tunis, « El Bahira », au milieu duquel est creusé le canal, est très poissonneux. La pêche en a été affermée à la Société des Pêcheurs réunis, qui en retire de cinq à six cents tonnes d'excellent poisson chaque année. Ce ne sont pas les immenses réserves du lac de Bizerte, lui aussi concédé à une Société fermière, mais enfin c'est un appoint de prospérité pour l'industrie et l'exportation du port.

Si le mouvement de la navigation se montre moins rapide en Tunisie qu'en Algérie, et surtout à Tunis qu'à Alger, il n'en est pas moins considérable. Tunis et la Goulette tiennent le premier rang parmi les ports, suivis de près par Sfax, devenu sans conteste le second port de la Régence. Sousse se contente du troisième rang, en très bonne posture encore. Puis vient Bizerte, dont le grand rôle militaire étouffe un peu l'expansion commerciale.

Suivant M. Pierre Leroy-Beaulieu, dans l'*Economiste Français* du 16 janvier 1909, si l'on classait ensemble les ports français, algériens et tunisiens, Tunis se placerait au neuvième rang, aussitôt après Bordeaux et immédiatement avant Cette. Sfax arriverait après Bône, au quatorzième rang et Sousse au dix-huitième.

Il est advenu au port de Tunis de ne plus pouvoir se suffire à lui-même, malgré ses cinquante hectares de superficie et les perfectionnements dont il avait été doté. En effet, dans son voisinage, l'activité commerciale augmente sans cesse. Au moment de sa construction, qui se serait douté d'un pareil avenir ? Les préoccupations les plus ambitieuses se bornaient au développement des cultures du sol et à l'agriculture.

Cependant le sous-sol tunisien a livré le secret de richesses minières jusque là insoupçonnées et nous sommes encore bien loin d'avoir pénétré tous ses secrets et toutes ses ressources. De là date la transformation économique du pays en général et de Tunis en particulier. Il est facile de s'en rendre compte par des chiffres. En 1905-1906, son transit n'atteignait que 382.367 tonnes et depuis la construction des nouvelles lignes qui amènent à quai minerais et phosphates, ce transit a plus que doublé. Il faudrait creuser encore et surtout élargir le port de Tunis ; cela viendra certainement, nonobstant les préférences, justifiées d'ailleurs en un certain sens, que peuvent rencontrer les facilités du port de la Goulette et sa proximité du golfe. Toutefois, loin de se nuire, les deux ports devront se servir et s'aider mutuellement.

Celui de la Goulette accaparera le trafic des minerais, celui de Tunis gardera le monopole des phosphates et des produits agricoles ou manufacturés.

C'est à dessein que nous n'avons pas entrepris une description trop longue et d'ailleurs trop connue de la magnifique cité de Tunis, qui garde le double attrait d'un des métropoles de l'Orient et d'une grande ville française juxtaposées. Nous avons voulu nous borner au port de Tunis, dont l'importance grandit à mesure qu'on en parle, et qui tient déjà un rang *si honorable parmi nos grands ports français*. Avec ses quais maçonnés et pavés en bois, sillonnés de voies ferrées, bordés de bazars et éclairés de fanaux électriques, il évoque sans désavantage un coin très animé de Nantes ou de Bordeaux.

3° Sousse

Sousse, la principale ville du Sahel Tunisien, n'est distante de Tunis, par voie ferrée, que de 150 kilomètres. Elle est bâtie au fond d'une baie largement ouverte que des travaux récents ont changée en un port très bien aménagé et devenu très commode. Le quai ancien, formé de pieux et recouvert de planches, a été remplacé par de solides ouvrages de maçonnerie.

Sousse est posée en amphithéâtre et étagée par gradins sur une riante colline qui fait face immédiate à la mer. Elle est complètement entourée de vieux remparts crénelés et bastionnés, blanchis à la chaux, qui lui donnent un air moyenâgeux de vieille cité sarrasine. Elle offre aux regards un panorama merveilleux qui se déroule par assises successives de la kasbah jusqu'au port et à la mer. Il est vrai que l'enchantement du coup d'œil disparaît un peu quand on pénètre dans la ville. Les rues en sont plutôt étroites et sales, les constructions sans apparence ni caractère. Cependant si, mettant de côté toute fatigue et tout découragement, on se décide à gravir les raidillons escarpés qui mènent à la ville haute, on embrasse dans le lointain une magnifique perspective et on trouve de temps en temps, sur sa route, quelques belles constructions arabes. Mais c'est en dehors des remparts, le long de la mer et vers le port, qu'a été élevée de toutes pièces une ville nouvelle, une ville européenne, élégante et jolie dont l'animation et la propreté contrastent avec les vieux quartiers de la ville indigène.

Le port de Sousse a été inauguré en avril 1899. Il a été construit par la même Compagnie que celle des ports de Tunis et de Sfax. Son bassin d'opérations est long de 350 mètres et large de

400 mètres. Il est creusé comme le chenal de Tunis, à une profondeur de 6 m. 50 et il s'étend sur une superficie de 14 hectares. Une grande jetée de 670 m. de long le protège contre les vents du large. Cette jetée abrite elle-même deux autres digues, l'une de 256 m. et l'autre de 658 mètres. Ces deux digues sont écartées l'une de l'autre de 70 mètres, protégeant ainsi la navigation des plus grands transports et leur permettant d'évoluer. Les voies ferrées se raccordent jusque sur le bord de la mer et peuvent ainsi prendre ou déposer toutes les marchandises à quai. La construction du port de Sousse a été particulièrement coûteuse et particulièrement difficultueuse, mais si son trafic s'est un peu ralenti, il a déjà connu de bien beaux jours et donné de solides rendements à ses actionnaires. Il est devenu le grand port d'exportation des huiles de tout le centre tunisien et le débouché de Kairouan.

Avec quelques différences, légères d'ailleurs, Tunis, Sousse et Sfax sont sujets à une législation et à un régime analogues. Ils ont été concédés à la même Compagnie pour la même durée de 47 ans, à dater du 12 avril 1894, avec garantie d'un revenu annuel minimum de 425.000 francs. Ce revenu a été largement dépassé, est-il besoin de le dire ?

Sousse, comme l'ancienne Hadrumète, qu'il a remplacée, est l'aboutissant naturel vers la côte des produits de l'intérieur. Le point où il se trouve situé sur le littoral tunisien tient précisément le mileu de cette courbe, de ce ventre du rivage où doivent converger tous les vaisseaux qui vont ou qui viennent de l'Orient à l'Occident.

Contrairement aussi à ce qu'il arrive pour d'autres régions, celle de Sousse est très peuplée, très fertile, très uniformément riche et non seulement depuis les plantations intenses d'olivettes qui lui font comme une ceinture, mais même antérieurement à notre colonisation. Pour toutes ces raisons, l'importance du port de Sousse doit croître encore, à mesure que la vieille Byzacène retrouvera son peuplement et sa prospérité.

Il ne tient qu'à la continuation de nos efforts de la lui rendre.

Au point de vue de la pêche côtière, le hâvre de Sousse assure maintenant aux nombreuses barques qui le fréquentent l'abri qui leur faisait autrefois défaut et qui expliquait la pénurie du poisson et des pêcheurs dans un centre où pareille ressource était loin d'être à dédaigner. Il serait grandement à souhaiter que des armateurs avisés arment des bateaux en nombre suffisant pour alimenter, à des prix raisonnables, la population de Sousse et des environs. D'avril en juillet, un certain nombre de barques tunisiennes viennent pêcher les allaches pour les expédier, après les avoir salés sur place, en Italie et en Dalmatie. Une pêcherie de thons est, depuis 1906, établie à cinq milles au Nord de Sousse, à Ras-Marsa.

4° Sfax

Sfax est, après Tunis, le port le plus important de la Régence. Sa population, qui dépasse actuellement 45.000 habitants, dont 5.000 Européens, s'augmente à vue d'œil. La ville est vraiment curieuse à tous égards, malgré tous les changements, tous les embellissements qu'elle a subis depuis son bombardement par l'amiral Garnault, le 16 juillet 1881, qui fut immédiatement suivi de notre occupation.

Sfax est l'ancienne Taphrura ou Taparura des Romains, citée dans la nomenclature des églises de la Byzacène. Les écrivains arabes, tels qu'El Beckri et Edrissi, ne tarissent pas d'éloges sur sa beauté, et par beaucoup de côtés, elle mérite vraiment sa réputation, surtout depuis qu'assainie, nettoyée, pourvue maintenant d'égouts et d'eau potable. La ville arabe, aux rues tortueuses, aux pentes accentuées, est encore entourée de ses fortifications caractéristiques, excepté du côté de la mer et du quartier européen ; de ce côté-là, les remparts qui l'étouffaient ont été démolis. Elle s'étend, elle respire maintenant à l'aise sur les eaux du large. La région sfaxienne tranche sur tout le reste de la Tunisie. Ce n'est déjà plus le Sahel ; ce n'est pas encore le désert. Cependant dès qu'on a franchi la zone cultivée, on trouve d'immenses plaines arides, desséchées, coupées seulement de sebkas salées et où ne pousse que l'alfa, dont la récolte et l'utilisation est devenue une industrie florissante du pays. La banlieue de Sfax est pourtant verte et fertile ; les cultures maraîchères lui donnent, en certains endroits, l'aspect d'un vaste jardin potager. Dans une superficie de plus de 80 kilomètres autour de la ville, la campagne est couverte de splendides oliviers cultivés sur des terrains loués ou vendus par l'État aux particuliers. Cette culture a donné de si bons résultats qu'on a voulu en continuer l'essai dans certains centres plus éloignés, traversés aujourd'hui par la ligne du chemin de fer de Sfax à Gafsa et Metlaoui. Il n'y a pas de doute qu'avec le temps ces essais ne deviennent heureux et se généralisent. Du temps des Romains, toutes ces régions n'étaient-elles pas couvertes d'oliviers ?

Sur une largeur de 15 kilomètres environ, formée par sa petite banlieue, Sfax se cache dans la fraîche splendeur de ses jardins, à l'abri de ses vieux remparts traversés par trois portes très bien conservées, dont une surtout, la porte du Divan, surmontée d'une grosse horloge, et qui fait suite à la rue de la République.

Les rues de la ville arabe sont très animées ; elles abritent certains corps de métiers. Il y a la rue des Forgerons ; celle des Teinturiers ; ce sont, à notre avis, les deux plus curieuses. Les souks, comme à Tunis, comme à Kairouan, demeurent le centre de l'industrie et du commerce indigènes. Les cinq mosquées et les bazars ne présentent en eux-mêmes rien de bien intéressant. Sfax fait un énorme commerce d'éponges, d'huiles, d'halfas exploités par plusieurs Sociétés, dont une anglaise, de fruits et de conserves. Le chemin de fer de Gafsa qui amène à Sfax les inépuisables phosphates des mines de Metlaoui, a donné à Sfax une place extraordinaire dans la prospérité économique de la Tunisie. Elle a déterminé l'importance de la ville européenne et surtout justifié les immenses travaux entrepris pour faire de Sfax un bon port et un grand port. C'est maintenant un fait acquis.

Une ville française bien tenue, aux proportions harmonieuses, avec une église catholique, des écoles, des hôtels tout neufs, de superbes boulevards, relie maintenant au port la vieille cité arabe. C'est dans le port, au surplus, que se trouve l'âme, le ressort et la richesse de la ville.

Le port de Sfax est exactement situé à 125 kilomètres de Sousse et par conséquent à 275 kilomètres de Tunis.

Autrefois, très obstrué et très incommode, il présentait les plus grandes difficultés à la navigation. Malgré les marées qui, particularité curieuse en Méditerrannée, sont sensibless à Sfax, surtout au moment des équinoxes, il était autrefois impossible aux grands bateaux d'y aborder. Il fallait jeter l'ancre à 3 kilom. et demi du large. A cause de l'inégalité des fonds aussi bien que du peu de profondeur des eaux, les débarquements et embarquements présentaient les plus grandes difficultés.

La Compagnie concessionnaire des ports de Tunis et de Sousse a donc dû refaire complètèement celui de Sfax, et ce ne fut pas la part la moins difficultueuse de son entreprise. Un bassin d'opérations de 10 hectares a été d'abord creusé à une profondeur de 6 m. 50. Un chenal de la même profondeur a été aussi ménagé sur une largeur de 22 mètres. On a installé deux quais avec tout l'outillage moderne, sur une longueur de 594 mètres. Enfin on a creusé des chenaux suffisants pour la petite batellerie qui mènent à des darses de 1200 m. l'une et de 5600 m. l'autre, de superficie.

Quoi qu'à proprement parler, n'ayant point d'escale, les transactions du port de Sfax se sont augmentées ces dernières années dans une proportion formidable, surtout à cause des exportations de phosphates et d'huiles d'olive. Ces dernières, en 1907-1908, atteignaient 16 millions de kilogrammes, représentant une valeur de plus de dix millions de francs et constituant, sur les années précédentes, un record qui a pu déjà être dépassé.

Un exposé des ressources de Sfax serait trop incomplet sans au moins faire mention de ses pêcheries. Celles-ci, de deux sortes, sont exercées : la première ou pêche ordinaire, par une importante colonie de pêcheurs italiens et maltais sédentaire ; la seconde ou pêche des éponges, par des Grecs non sédentaires, qui reviennent tous les ans sur leurs sacolèves et passent six mois dans les eaux sfaxiennes.

Les espèces de poissons les plus communs entre Sfax et les îles Kerkennah sont les poulpes, les aiguilles, les anguilles, les mérous, les daurades, les loups, les mulets, les rascasses, les vives, les rougets, les chiens de mer, etc.

Si importante est la pêche des éponges que, par un arrêté du Directeur des Travaux publics de Tunisie, en date du 1er janvier 1903, un laboratoire de biologie marine a été créé à Sfax, dans le but de déterminer, pour les côtes de la Régence, les conditions de la reproduction et de la culture des éponges. Ce laboratoire, en vue des études à mener à bonne fin, fut installé sur pilotis, en rade, par 2 mètres d'eau à marée basse, et à 1200 mètres du quai des phosphates. Il fut protégé des gros temps par un enserrement de brise-lames. Sfax est donc destiné à devenir un centre de pêche des plus importants et il serait bien à souhaiter que nos pauvres pêcheurs bretons, qui se plaignent si souvent, avec raison, de la rareté du poisson sur leurs côtes, aillent essaimer sur ces rivages, aujourd'hui favorisés à la fois par la clémence de la nature et par les récents travaux des hommes.

2ᵉ PARTIE

Les Ports Secondaires de la Tunisie

DIRECTEMENT EXPLOITÉS PAR LE GOUVERNEMENT TUNISIEN

APERCU

La côte Nord du littoral tunisien s'étend depuis la frontière algérienne, du cap Roux au cap Bon, avec les îles de la Galite, Cani, Plane et Zembra. En outre de Bizerte et de Tunis, elle comprend les ports de Tabarca, Porto-Farina et la Goulette.

La côte Sud part du cap Bon pour aboutir à la frontière Tripolitaine. En outre des îles Egdemai, Kuriat, Kerkennah et Djerba, elle embrasse donc les ports de Hammamet, Monastir, Mahedhia, Maharès, Gabès, Djerba et Zarzis.

1° Tabarca

Tabarca est le port de la Kroumirie, et le premier port de la Tunisie en partant de la frontière algérienne, dont il n'est distant que de 13 kilomètres, se trouvant à 24 kilomètres seulement de la Calle. Une ville nouvelle s'est élevée sur les ruines de la vieille cité romaine, ville saine et prospère, assise au bord de la mer entre des rochers pittoresques au milieu desquels on a creusé un port assez bien abrité. Tabarca a appartenu longtemps à une illustre famille de Gênes, les Lomellini, qui y entretenaient une colonie. Ce n'est qu'en 1742 qu'elle fut, par trahison, livrée au bey de Tunis. En 1881, elle nous servit à nous-mêmes de base d'opérations pour la conquête laborieuse de la Kroumirie, dont elle commande les défilés.

Tabarca deviendra un centre commercial important, débouché naturel des produits miniers de cette contrée. Une concession de mines a été accordée, en 1884, à la Compagnie de Mokta-el-

Hadid, avec obligation de construire un chemin de fer de Mockta-el-Hadid à Tabarca et aménagement de ce port. Une autre concession de mines de fer a été accordée au Comité d'Etudes des mines de Tabarca, avec obligation de créer un chemin de fer et un port au cap Serrat.

Ces deux voies seraient reliées entre elles. Le panorama de Tabarca est un des plus beaux du littoral tunisien.

Par ce qui précède, on voit quel avenir sérieux est certainement réservé à ce port auquel la pêche assure déjà un rang assez important.

En l'état actuel des communications, il est cependant impossible aux pêcheurs tabarkiens d'écouler le produit de leur pêche ailleurs qu'à Tabarca ; il en devra être tout autrement quand la ligne des Nefzas sera prolongée jusqu'à ce port.

2° Porto-Farina

Porto-Farina appartint aussi aux Génois et conquit une certaine splendeur dont il est, hélas, bien déchu. La ville est formée de deux ruelles parallèles reliées entre elles par de nombreuses sentes rocailleuses où les maisons tombent en ruines. La place principale est occupée par la grande mosquée et deux zaouias. C'est le siège d'une pauvre paroisse catholique dont la clientèle est surtout italo-maltaise.

Cependant, l'attrait survivant de Porto-Farina consiste en une ceinture de jardins fertiles et bien arrosés qui produisent de nombreux légumes, des fruits et des primeurs, vendus jusqu'à Tunis.

Les pêcheurs de la Goulette vont quelquefois tendre leurs filets sous Porto-Farina où, par mauvais temps, ils sont à l'abri de la grosse mer. Le lac de Porto-Farina, en 1898, a été loué pour douze ans à une Compagnie fermière de pêche qui vend ses produits en partie sur le marché de Tunis et en partie sur les marchés français, où ils sont expédiés en frigorifiques par les paquebots partant de Tunis. L'anguille est surtout très commune à Porto-Farina et elle pourrait faire l'objet d'une exploitation beaucoup plus fructueuse. Malheureusement, dans la population de ce port, l'élément français est jusqu'ici insignifiant et le commerce embryonnaire.

3° La Goulette

Tant à cause du passé que de sa renaissance actuelle et de son avenir, la Goulette occupe une place à part et qui ne tend qu'à s'agrandir parmi les ports de Tunisie dont elle est appelée à concurrencer les plus animés depuis quelque temps.

Tout d'abord, avant notre entrée en Tunisie, elle était le port d'accès, le port principal, l'arsenal et la capitale maritime, si l'on peut s'exprimer ainsi, de tout le Beylicat. Jusqu'à la construction du port de Tunis elle était aussi l'escale obligatoire des transatlantiques et des grands paquebots à destination de la capitale. Cela lui donna une certaine importance que l'achèvement du port de Tunis menaça un instant de réduire à néant. Mais voilà qu'elle devient le port d'embarquement, à cause de sa plus grande proximité, des minerais de fer si riches de la Tunisie Centrale, de Zrissa et de Slata, qui y sont amenés depuis 1908 par un embranchement de la ligne du Kef se détachant à Bir-Kassa.

C'est la Société des Batignolles qui, pour le compte du gouvernement tunisien, exécuta les travaux du nouveau port, consistant principalement en deux jetées de chaque côté du canal dont elles défendent l'accès sur une longueur de 1200 mètres en mer. Le canal lui-même a été creusé à 6 m. 50 de profondeur pour le passage des navires.

Malgré les réclamations intéressées de la Chambre de commerce de Tunis qui craignait de voir ses immenses sacrifices faits en pure perte, la Direction des travaux publics a été bien inspirée de creuser et d'aménager ce port à l'entrée du lac, à proximité des gisements miniers dont il est le débouché rationnel et sur la mer elle-même. Le fret du port de la Goulette s'est donc augmenté d'une façon considérable.

Au point de vue de la pêche, la Goulette a été de tous temps un centre très important, siège d'une active colonie de pêcheurs siciliens et anglo-maltais dont les barques aux voiles joyeuses, remisées jadis dans l'ancien chenal, donnent au petit port une note tout à fait originale. Il y en a encore au moins une centaine, montées par de solides et très laborieux équipages allant jeter leurs filets jusqu'aux extrémités du golfe.

La ville ancienne se trouve sur la rive droite du canal ; elle comprend deux palais et un arsenal beylicaux désaffectés, ainsi qu'une curieuse kasbah hispano-turque qui sert aujourd'hui de caserne. La Goulette fut prise par Charles-Quint, au seizième siècle et devint, en Tunisie, la base de l'occupation espagnole. Elle fut reconquise par les Turcs en 1574. Saint Vincent-de-Paul demeura captif dans sa karaka au dix-septième siècle.

A la saison chaude, la Goulette devient une véritable ville d'eaux. Les établissements balnéaires, les villas les plus coquettes s'y succèdent sur une longueur de plus de deux kilomètres et demi à partir de la kasbah. C'est la Goulette neuve, dont le doux climat parfumé et les frais jardins attirent plus de 15.000 estiveurs, du côté de Carthage où la ligne blanche des constructions tranche d'une façon saisissante sur l'azur du ciel et sur le bleu profond des eaux.

Ports de la Côte Sud de Tunisie

Hammamet

Le port de Hammamet se trouve situé à 65 kilomètres à l'Est de Tunis. Il est placé immédiatement sur le bord de la mer qui vient baigner ses remparts. Sa population est d'environ 6.000 habitants, et il présente à l'œil, vu au loin, du golfe auquel il a donné son nom, l'aspect le plus gracieux.

Placé sur une langue de terre qui s'avance dans la mer comme un cap, à l'extrémité Sud du chemin qui coupe, à sa racine, la péninsule Nord-Est de la Tunisie, il acquiert de ce fait une importance stratégique. C'est un lieu d'étape. La ville est propre, entourée de murailles flanquées de tours massives et carrées, que domine la vieille kasbah.

Quelques palmiers se balancent sur les terrasses supérieures de la ville.

Hammamet fait un commerce d'huiles assez important. Son port serait même susceptible de devenir excellent à condition d'être creusé à une profondeur suffisante et à cinq cents mètres du rivage. Malheureusement il est assiégé par les sables contre lesquels il serait urgent de le protéger. Port de pêche, grand marché de fruits de toutes sortes, centre oléicole, Hammamet mérite de devenir un bon port et il est certain qu'il le deviendra si les Français s'en donnent la peine.

Monastir

Le petit port de Monastir, situé à 22 kilomètres de Sousse, est assez actif et assez peuplé, puisqu'il compte quelques centaines d'Européens et une centaine de Français au milieu d'une agglomération de plus de 8.000 indigènes.

Vue de la mer, avec sa grosse tour ronde, ses murs élevés émergeant brusquement d'un sol plat, la ville présente un aspect étrange et lugubre. Tout autour de ses remparts s'étendent de larges plages de sable fin parsemées de koubbas et de tumuli : c'est là que les indigènes viennent enterrer leurs morts. Il s'en dégage un charme, une immobilité, une tristesse particulières.

La ville est placée un peu en retrait de la mer, sur une pointe escarpée, livrée à l'assaut furieux des vagues qui, par de longs couloirs souterrains, s'engouffrent jusque dans ses rues. Construite sur une terre basse pétrie de salpêtre et de sel, avec ses maisons grises, sans étages, ses rues sans pavés, elle a l'air d'un *oasis à cheval sur un chott*.

Sa côte est semée de brisants. Les flots y déferlent sans répit comme sur le rivage breton. Leur clameur donne au paysage et à la pensée une teinte sombre et sauvage. Les Monastiriens ont eux-mêmes quelque chose de rude et de renfermé qui les distingue des indigènes habitant les autres villes du littoral.

Monastir ne possède aucun monument digne d'intérêt. Il est surtout fréquenté par des barques grecques au moment de la pêche des éponges, et par des barques siciliennes qui viennent y pêcher des sardines, des anchois et des allaches, forts abondants en ces parages.

Medhïa

Mahedhïa ou Medhïa (la cité du Madhi), renferme 10.000 habitants environ, dont plus de 1200 Européens. Elle est située à la pointe du cap Africa (60 kilomètres de Sousse). Les paquebots mouillent en rade, mais le mouvement annuel du port est aujourd'hui supérieur à 25.000 tonnes.

Les canots et les chalands atterrissent à l'extrémité Sud-Est de la plage, non loin du faubourg appelé Konach, devant les cimetières juif et chrétien. La kasbah, citadelle espagnole réparée par les Français, domine un excellent bassin creusé dans le roc et d'une conservation parfaite. On retrouve à Medhïa les traces des dominations successives : phénicienne, romaine, sicilienne, espagnole, maltaise, puisque les chevaliers de l'Ordre de Malte prirent une part glorieuse à son siège de 1551.

El-Beckri parle des splendeurs de Medhïa, mais il n'en demeure qu'à peine le souvenir à l'heure actuelle. Cependant elle n'est pas d'un séjour improductif ni malsain pour nos compatriotes qui y ont établi leurs pénates. C'est le centre d'une exportation assez florissante de grains, de grignons et surtout d'huiles.

Port de pêche important à l'époque favorable, il est fréquenté par plus de *deux cents barques italiennes* qui viennent y pêcher surtout les sardines et les allaches, les éponges et les coraux. Dans le voisinage immédiat de Mahedhia il y a aussi d'importantes pêcheries de thons.

Maharès

Maharès n'est pas à proprement parler un port, quoique situé à l'extrémité de la baie de Sfax, sur un promontoire élevé qui lui donne son nom. La population, presqu'exclusivement composée de pêcheurs, ne dépasse pas 600 habitants. Une citadelle byzantine, dont la partie inférieure est convertie en mosquée, occupe le centre de la ville.

Gabès, Port et Oasis

Gabès est un oasis considérable, la porte du désert, du côté de la mer qui comprend outre Gabès elle-même, plusieurs villages très étendus qui se dénomment : Menzel, Chenini et Djara.

Une promenade à Chenini est un véritable enchantement, à cause de la luxuriance de la végétation dans cette partie de l'oasis qui est la plus pittoresque. Le village de Menzel est pauvre. Celui de Djara est le centre d'un marché important.

Gabès compte tout près de 15.000 habitants, dont un millier d'Européens à peu près.

Gabès a pris une certaine extension. Des constructions ininterrompues la relient maintenant à Djara et à Menzel, formant deux longues rues habitées l'hiver par de nombreux touristes étrangers.

La palmeraie magnifique de Gabès comprend plus de cent mille pieds d'arbres, arrosée par de nombreuses seguias sorties de l'Oued-Gabès. sur un cours de plus de 15 kilomètres et qui viennent se perdre dans des marais à l'entrée du port, cause regrettable de fièvres et de maladies endémiques. Gabès est relié à Sfax par une bonne route de cent cinquante kilomètres. Un tronçon va jusqu'à Kebili.

Gabès se désigne d'elle-même comme point terminus de la ligne ferrée du Sud, se raccordant par Tebessa aux lignes algériennes. Au point de vue militaire, c'est un siège de subdivision important. Comme port, malgré l'insécurité actuelle des fonds et l'insuffisance des travaux exécutés, Gabès fait un trafic des plus considérables avec Tripoli, Malte et la Sicile. Le port artificiel, obtenu au moyen de jetées et de dragages, à l'embouchure de l'Oued, doit lui donner une prospérité qui s'impose par sa position. On s'est aussi préoccupé d'en dessécher et d'en assainir les parties marécageuses.

Djerbah

Djerbah ou Djerba est une grande île de 30 kilomètres environ de circonférence, assise sur un plateau, presqu'au même niveau que la mer et dont les côtes sont d'accès partout difficile à cause du manque de fonds suffisants à l'atterrissage. Le port principal de Djerbah et la résidence du contrôleur civil est Houmt-Souk, dont la vue est très belle ; il est protégé par une petite jetée, à gauche de laquelle se détache la masse imposante et sombre d'un vieux fort espagnol. La grande mosquée est surmontée d'une large coupole avec huit dômes plus petits. Un minaret se dresse à l'entrée. Djerbah compte plus de 35.000 habitants, dont 2.000 Juifs et 600 à 700 Européens. Les Juifs, dans leurs deux villages, se livrent spécialement à la fabrication d'une excellente eau-de-vie de dattes. Les indigènes sont cultivateurs, tisserands, potiers, marins et pêcheurs.

La pêche est très abondante sur les côtes et aux alentours de l'île, mais son produit se borne à peu près aux besoins locaux.

Houmt-Souk est relié à la mer par une route et une jetée construites par les Français. Nous y avons une petite garnison. Djerbah était autrefois le Capri des hauts fonctionnaires de l'Afrique Romaine et des riches commerçants de la Byzacène qui y avaient leurs villas.

D'une fertilité prodigieuse, elle ne demande que des habitants, susceptible qu'elle est de nourrir une population trois fois supérieure à la sienne. Les indigènes la surnomment : « Le Paradis des Arabes ».

Zarzis

Comme Gabès et Djerbah, Zarzis est une agglomération de cinq villages. On y voit de riches palmeraies, de beaux oliviers et des blés superbes. Malheureusement son mouillage est aussi très peu profond et dangereux. Le port est sans importance.

. . . .

Notre Etude sur les ports serait incomplète si nous ne disions également, pour terminer, un mot des Chemins de fer tunisiens, dont le progrès s'est si singulièrement accentué ces dernières années qu'il est un étonnement pour l'Europe et un enseignement pour l'Algérie. Le réseau algérien, à tous les points de vue, est demeuré stationnaire. Tout au contraire et quoique le mouvement de la navigation soit moindre en Tunisie, le réseau tunisien a augmenté son étendue et son trafic d'une façon énorme. En 1908-1909, les chemins de fer tunisiens formaient un millier cent quatre-vingt-huit kilomètres au total :

1° 311 kilomètres de chemins de fer à voie normale de 1 m. 44, concédés à la Compagnie Bône-Guelma jusqu'au 7 mai 1976 ;

2° 877 kilomètres de chemins de fer à voie étroite de 1 mètre, dont 633 kilomètres sur le réseau Nord, concédés au Bône-Guelma jusqu'en 1979, et 244 kilomètres du réseau Sud, concédés à la Compagnie de Sfax à Gafsa jusqu'en août 1956.

Ces chiffres sont largement dépassés au moment où nous écrivons par les prolongements de la ligne de Metlaoui et par celle de Sousse à Aïn-Moularès.

Sfax va être doté de tramways. Le réseau de tramways qui dessert Tunis et sa banlieue dépasse maintenant 25 kilomètres. Maxula-Radès est relié à la mer par un tramway de 2 kilomètres et il en existe un également entre Tindja et Sidi-Abdallah, par Ferryville.

De l'exposé qui précède et dont le seul mérite et d'avoir été contrôlé sur place par un témoin oculaire, passionnément attaché à la Tunisie, on peut voir qu'il n'y a rien de factice dans la prospérité actuelle des ports de notre plus belle colonie de Protectorat. La solidité de leur avenir est garantie par un développement commercial et industriel qui n'en est qu'à ses débuts. Par sa progression inévitable, il parera à l'irrégularité des rendements de la production agricole, subordonnée aux conditions atmosphériques. La Tunisie n'est plus seulement un pays agricole. C'est déjà un grand pays industriel. De là vient l'extension de son trafic maritime et l'extension plus merveilleuse encore de ses voies ferrées.

Pour ses ports et pour ses chemins de fer, la Tunisie française réclame des capitaux et des hommes. C'est le résultat que nous voudrions obtenir en la faisant mieux connaître du grand public et par conséquent mieux aimer.

Bordeaux, Janvier 1911

E. MASSÉ, *Industriel*

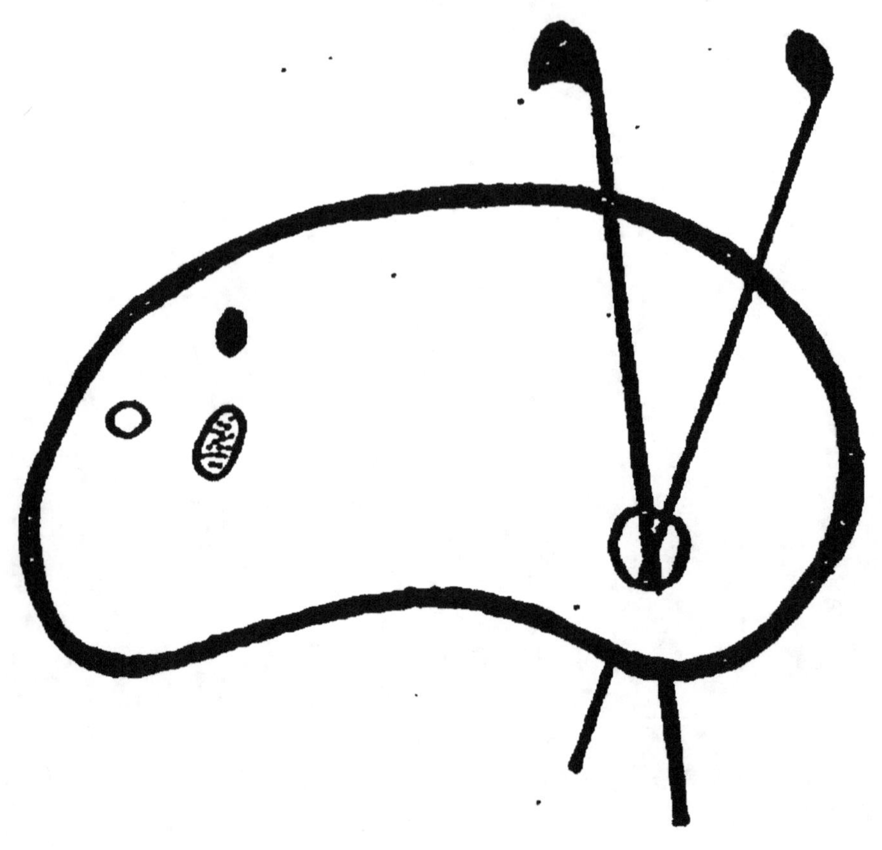

ORIGINAL EN COULEUR

NF Z 43-121-8